公共安全视频图像信息系统管理条例
人脸识别技术应用安全管理办法
最高人民法院关于审理使用人脸识别技术处理个人信息相关民事案件适用法律若干问题的规定

大字本

中国法治出版社

图书在版编目（CIP）数据

公共安全视频图像信息系统管理条例　人脸识别技术应用安全管理办法　最高人民法院关于审理使用人脸识别技术处理个人信息相关民事案件适用法律若干问题的规定：大字本 / 中国法治出版社编. -- 北京：中国法治出版社，2025.7. -- ISBN 978-7-5216-5417-2

Ⅰ．D922.17；D923.7

中国国家版本馆 CIP 数据核字第 2025490D3T 号

公共安全视频图像信息系统管理条例　人脸识别技术应用安全管理办法　最高人民法院关于审理使用人脸识别技术处理个人信息相关民事案件适用法律若干问题的规定：大字本
GONGGONG ANQUAN SHIPIN TUXIANG XINXI XITONG GUANLI TIAOLI　RENLIAN SHIBIE JISHU YINGYONG ANQUAN GUANLI BANFA　ZUIGAO RENMIN FAYUAN GUANYU SHENLI SHIYONG RENLIAN SHIBIE JISHU CHULI GEREN XINXI XIANGGUAN MINSHI ANJIAN SHIYONG FALÜ RUOGAN WENTI DE GUIDING：DAZIBEN

经销/新华书店
印刷/保定市中画美凯印刷有限公司
开本/880 毫米×1230 毫米　32 开　　　　　　　印张/1.5　字数/17 千
版次/2025 年 7 月第 1 版　　　　　　　　　　　2025 年 7 月第 1 次印刷

中国法治出版社出版
书号 ISBN 978-7-5216-5417-2　　　　　　　　　　　　定价：6.00 元

北京市西城区西便门西里甲 16 号西便门办公区
邮政编码：100053　　　　　　　　　　　传真：010-63141600
网址：http：//www.zgfzs.com　　　　　编辑部电话：010-63141799
市场营销部电话：010-63141612　　　　印务部电话：010-63141606

（如有印装质量问题，请与本社印务部联系。）

公共安全视频图像信息系统管理条例
人脸识别技术应用安全管理办法
最高人民法院关于审理使用人脸识别技术处理个人信息相关民事案件适用法律若干问题的规定

大字本

中国法治出版社

目　　录

公共安全视频图像信息系统管理条例 …………（1）

人脸识别技术应用安全管理办法………………（17）

最高人民法院关于审理使用人脸识别技术

　　处理个人信息相关民事案件适用法律若

　　干问题的规定……………………………（26）

附录

中华人民共和国民法典（节录）　……………（35）

中华人民共和国个人信息保护法（节录）　…（42）

公共安全视频图像信息系统管理条例

（2024年12月16日国务院第48次常务会议通过 2025年1月13日中华人民共和国国务院令第799号公布 自2025年4月1日起施行）

第一条 为了规范公共安全视频图像信息系统管理，维护公共安全，保护个人隐私和个人信息权益，根据有关法律，制定本条例。

第二条 本条例所称公共安全视频图像信息系统（以下简称公共安全视频系统），是指通过在公共场所安装图像采集设备及相关设施，对涉及公共安全的区域进行视频图像信息收集、传输、显示、存储的系统。

第三条 公共安全视频系统管理工作坚持中国

共产党的领导，贯彻党和国家路线方针政策和决策部署。

建设、使用公共安全视频系统，应当遵守法律法规，坚持统筹规划、合理适度、标准引领、安全可控，不得危害国家安全、公共利益，不得损害个人、组织的合法权益。

第四条 国家鼓励和支持视频图像领域的技术创新与发展，建立和完善相关标准体系，支持有关行业组织依法加强行业自律，提高公共安全保障能力和个人信息保护水平。

第五条 国务院公安部门负责全国公共安全视频系统建设、使用的指导和监督管理工作。国务院其他有关部门在各自职责范围内负责公共安全视频系统建设、使用的相关管理工作。

县级以上地方人民政府公安机关负责本行政区域内公共安全视频系统建设、使用的指导和监督管理工作。县级以上地方人民政府其他有关部门在各自职责范围内负责公共安全视频系统建设、使用的相关管理工作。

第六条 县级以上地方人民政府应当加强对公共安全视频系统建设的统筹规划，充分利用现有资源，避免重复建设。

第七条 城乡主要路段、行政区域道路边界、桥梁、隧道、地下通道、广场、治安保卫重点单位周边区域等公共场所的公共安全视频系统，由县级以上地方人民政府按照建设规划组织有关部门建设，纳入公共基础设施管理，建设、维护经费列入本级政府预算。

下列公共场所涉及公共安全区域的公共安全视频系统，由对相应场所负有经营管理责任的单位按照相关标准建设，安装图像采集设备的重点部位由县级以上地方人民政府各有关部门按照职责分工指导确定：

（一）商贸中心、会展中心、旅游景区、文化体育娱乐场所、教育机构、医疗机构、政务服务大厅、公园、公共停车场等人员聚集场所；

（二）出境入境口岸（通道）、机场、港口客运站、通航建筑物、铁路客运站、汽车客运站、城市轨道交通站等交通枢纽；

（三）客运列车、营运载客汽车、城市轨道交通车辆、客运船舶等大中型公共交通工具；

（四）高速公路、普通国省干线的服务区。

在前两款规定的场所、区域内安装图像采集设备及相关设施，应当为维护公共安全所必需，除前两款规定的政府有关部门、负有经营管理责任的单位（以下统称公共安全视频系统管理单位）外，其他任何单位或者个人不得安装。

第八条　禁止在公共场所的下列区域、部位安装图像采集设备及相关设施：

（一）旅馆、饭店、宾馆、招待所、民宿等经营接待食宿场所的客房或者包间内部；

（二）学生宿舍的房间内部，或者单位为内部人员提供住宿、休息服务的房间内部；

（三）公共的浴室、卫生间、更衣室、哺乳室、试衣间的内部；

（四）安装图像采集设备后能够拍摄、窥视、窃听他人隐私的其他区域、部位。

对上述区域、部位负有经营管理责任的单位或者个人，应当加强日常管理和检查，发现在前款所列区域、部位安装图像采集设备及相关设施的，应当立即报告所在地公安机关处理。

第九条　在本条例第七条规定之外的其他公共场所安装图像采集设备及相关设施，应当为维护公共安全所必需，仅限于对该场所负有安全防范义务的单位或者个人安装，其他任何单位或者个人不得安装。

依照前款规定安装图像采集设备及相关设施的，应当遵守本条例除第十一条、第十四条、第十五条、第十六条第二款、第十七条规定的强制性要求之外的其他各项规定。

第十条　依照本条例安装图像采集设备及相关设施，位于军事禁区、军事管理区以及国家机关等涉密单位周边的，应当事先征得相关涉密单位的同意。

第十一条 公共安全视频系统管理单位应当按照相关标准建设公共安全视频系统，开展设计、施工、检验、验收等工作，并依法保存、管理相关档案资料。

第十二条 公共安全视频系统采用的产品、服务应当符合国家标准的强制性要求。产品、服务的提供者不得设置恶意程序；发现其产品、服务存在安全缺陷、漏洞等风险时，应当立即采取补救措施，按照规定及时告知用户并向有关主管部门报告。

第十三条 公共安全视频系统管理单位应当按照维护公共安全所必需、注重保护个人隐私和个人信息权益的要求，合理确定图像采集设备的安装位置、角度和采集范围，并设置显著的提示标识。未设置显著提示标识的，由公安机关责令改正。

第十四条 公共安全视频系统管理单位应当在系统投入使用之日起 30 日内，将单位基本情况、公共安全视频系统建设位置、图像采集设备数量及类型、视频图像信息存储期限等基本信息，向所在地县级人民政府公安机关备案。本条例施行前已经启用的，应当在本条例施行之日起90日内备案。公共安全视频系统备案事项发生变化的，应当及时办理备案变更。

公共安全视频系统管理单位应当对备案信息的真实性负责。

公安机关应当加强信息化建设，为公共安全视频系统管理单位办理备案提供便利，能够通过部门间信息共享获得的备案信息，不要求当事人提供。

第十五条 公共安全视频系统管理单位应当履行系统运行安全管理职责，履行网络安全、数据安全和个人信息保护义务，建立健全管理制度，完善防攻击、防入侵、防病毒、防篡改、防泄露等安全技术措施，定期维护设备设施，保障系统连续、稳定、安全运行，确保视频图像信息的原始完整。

公共安全视频系统管理单位委托他人运营的，

应当通过签订安全保密协议等方式，约定前款规定的网络安全、数据安全和个人信息保护义务并监督受托方履行。

第十六条 公共安全视频系统管理单位使用视频图像信息，应当遵守法律法规，依法保护国家秘密、商业秘密、个人隐私和个人信息，不得滥用、泄露。

公共安全视频系统管理单位应当采取下列措施，防止滥用、泄露视频图像信息：

（一）建立系统监看、管理等重要岗位人员的入职审查、保密教育、岗位培训等管理制度；

（二）采取授权管理、访问控制等技术措施，严格规范内部人员对视频图像信息的查阅、处理；

（三）建立信息调用登记制度，如实记录查阅、调取视频图像信息的事由、内容及调用人员的单位、姓名等信息；

（四）其他防止滥用、泄露视频图像信息的措施。

第十七条 公共安全视频系统收集的视频图像

信息应当保存不少于30日；30日后，对已经实现处理目的的视频图像信息，应当予以删除。法律、行政法规对视频图像信息保存期限另有规定的，从其规定。

第十八条　为公共安全视频系统提供网络传输服务的电信业务经营者，应当加强对视频图像信息传输的安全管理，依照法律、行政法规的规定和国家标准的强制性要求，采取技术措施和其他必要措施，保障网络安全、稳定运行，维护数据的完整性、保密性和可用性。

第十九条　接受委托承担公共安全视频系统设计、施工、检验、验收、维护等工作的单位及其工作人员，应当对接触到的视频图像信息和相关档案资料予以保密，不得用于与受托工作无关的活动，不得擅自留存、加工、泄露或者向他人提供。

第二十条　国家机关为履行执法办案、处置突发事件等法定职责，查阅、调取公共安全视频系统收集的视频图像信息，应当依照法律、行政法规规定的权限、程序进行，并严格遵守保密规定，不得超出履行法定职责所必需的范围和限度。

第二十一条　为了保护自然人的生命健康、财产安全，经公共安全视频系统管理单位同意，本人、近亲属或者其他负有监护、看护、代管责任的人可以查阅关联的视频图像信息；对获悉的涉及公共安全、个人隐私和个人信息的视频图像信息，不得非法对外提供或者公开传播。

第二十二条　公共安全视频系统收集的视频图像信息被依法用于公开传播，可能损害个人、组织合法权益的，应当对涉及的人脸、机动车号牌等敏感个人信息，以及法人、非法人组织的名称、营业执照等信息采取严格保护措施。

第二十三条　任何单位或者个人不得实施下列行为：

（一）违反法律法规规定，对外提供或者公开传播公共安全视频系统收集的视频图像信息；

（二）擅自改动、迁移、拆除依据本条例第七条规定安装的图像采集设备及相关设施，或者以喷涂、遮挡等方式妨碍其正常运行；

（三）非法侵入、控制公共安全视频系统；

（四）非法获取公共安全视频系统中的数据；

（五）非法删除、隐匿、修改、增加公共安全视频系统中的数据或者应用程序；

（六）其他妨碍公共安全视频系统正常运行，危害网络安全、数据安全、个人信息安全的行为。

第二十四条　公安机关对公共安全视频系统的建设、使用情况实施监督检查，有关单位或者个人应当予以协助、配合。

有关单位或者个人发现有违反本条例第七条第三款、第八条第一款、第九条第一款规定安装图像采集设备及相关设施的，可以向公安机关举报。公安机关应当依法及时处理。

第二十五条　公安机关应当严格执行内部监督制度，对其工作人员履行公共安全视频系统建设、使用职责情况进行监督。

公安机关及其工作人员在履行公共安全视频系统建设、使用、监督管理职责过程中，有违反本条例规定，或者其他滥用职权、玩忽职守、徇私舞弊行为的，任何单位或者个人有权检举、控告。

第二十六条　违反本条例第七条第三款、第九条第一款规定安装图像采集设备及相关设施的，由公安机关责令限期改正，并删除所收集的视频图像信息；拒不改正的，没收相关设备设施，对违法个人并处5000元以下罚款，对违法单位并处2万元以下罚款，对其直接负责的主管人员和其他直接责任人员处5000元以下罚款。

第二十七条　违反本条例第八条第一款规定安装图像采集设备及相关设施的，由公安机关没收相关设备设施，删除所收集的视频图像信息，对违法个人并处5000元以上1万元以下罚款，对违法单位并处1万元以上2万元以下罚款，对其直接负责的主管人员和其他直接责任人员处5000元以上1万元以下罚款；偷窥、偷拍、窃听他人隐私，构成违反治安管理行为的，依法给予治安管理处罚；构成犯罪的，依法追究刑事责任。

对相应区域、部位负有经营管理责任的单位或者个人未履行本条例第八条第二款规定的日常管理和检查义务的，由公安机关责令改正；拒不改正或者造成严重后果的，对违法个人处5000元以上1万元以下罚款，对违法单位处1万元以上2万元以下罚款，对其直接负责的主管人员和其他直接责任人员处5000元以上1万元以下罚款，并通报有关主管部门根据情节轻重责令暂停相关业务或者停业整顿、吊销相关业务许可或者吊销营业执照。

第二十八条　未依照本条例第十条规定征得相关涉密单位同意安装图像采集设备及相关设施的，由公安机关没收相关设备设施，删除所收集的视频图像信息，对违法个人并处5000元以上1万元以下罚款，对违法单位并处1万元以上2万元以下罚款，对其直接负责的主管人员和其他直接责任人员处5000元以上1万元以下罚款；非法获取国家秘密、军事秘密的，依照有关法律的规定给予处罚；构成犯罪的，依法追究刑事责任。

第二十九条　未依照本条例第十四条规定备案或者提供虚假备案信息的，由公安机关责令限期改正；拒不改正的，处1万元以下罚款。

第三十条　违反本条例第二十三条第二项规定擅自改动、迁移、拆除图像采集设备及相关设施的，由公安机关责令改正，给予警告；拒不改正或者造成严重后果的，对违法个人处5000元以下罚款，对违法单位处5000元以上1万元以下罚款，对其直接负责的主管人员和其他直接责任人员处5000元以下罚款。

第三十一条　违反本条例规定，未履行网络安全、数据安全和个人信息保护义务，或者非法对外提供、公开传播视频图像信息的，依照《中华人民共和国网络安全法》、《中华人民共和国数据安全法》、《中华人民共和国个人信息保护法》的规定给予处罚；构成违反治安管理行为的，依法给予治安管理处罚；构成犯罪的，依法追究刑事责任。

第三十二条　公安机关及其工作人员在履行公共安全视频系统建设、使用、监督管理职责过程中，违反本条例规定，或者有其他滥用职权、玩忽职守、徇私舞弊行为的，由上级公安机关或者有关主管部门责令改正，对负有责任的领导人员和直接责任人员依法给予处分；构成犯罪的，依法追究刑事责任。

其他国家机关及其工作人员在履行公共安全视频系统建设、使用、相关管理职责过程中，违反本条例规定，或者在依照本条例第二十条规定查阅、调取视频图像信息过程中，有滥用职权、玩忽职守、徇私舞弊行为的，由其上级机关或者有关主管部门责令改正，对负有责任的领导人员和直接责任人员依法给予处分；构成犯罪的，依法追究刑事责任。

第三十三条　在非公共场所安装图像采集设备及相关设施，不得危害公共安全或者侵犯他人的合法权益，对收集到的涉及公共安全、个人隐私和个人信息的视频图像信息，不得非法对外提供或者公开传播。

违反前款规定的,依照本条例第三十一条规定给予处罚。

第三十四条 本条例自 2025 年 4 月 1 日起施行。

人脸识别技术应用安全管理办法

（2025年3月13日国家互联网信息办公室、公安部令第19号公布 自2025年6月1日起施行）

第一条 为了规范应用人脸识别技术处理人脸信息活动，保护个人信息权益，根据《中华人民共和国网络安全法》、《中华人民共和国数据安全法》、《中华人民共和国个人信息保护法》、《网络数据安全管理条例》等法律、行政法规，制定本办法。

第二条 在中华人民共和国境内应用人脸识别技术处理人脸信息的活动，适用本办法。

在中华人民共和国境内为从事人脸识别技术研发、算法训练活动应用人脸识别技术处理人脸信息的，不适用本办法的规定。

第三条　应用人脸识别技术处理人脸信息活动，应当遵守法律法规，尊重社会公德和伦理，遵守商业道德和职业道德，诚实守信，履行个人信息保护义务，承担社会责任，不得危害国家安全、损害公共利益、侵害个人合法权益。

第四条　应用人脸识别技术处理人脸信息，应当具有特定的目的和充分的必要性，采取对个人权益影响最小的方式，并实施严格保护措施。

第五条　个人信息处理者应用人脸识别技术处理人脸信息前，应当以显著方式、清晰易懂的语言真实、准确、完整地向个人告知下列事项：

（一）个人信息处理者的名称或者姓名和联系方式；

（二）人脸信息的处理目的、处理方式，处理的人脸信息保存期限；

（三）处理人脸信息的必要性以及对个人权益的影响；

（四）个人依法行使权利的方式和程序；

（五）法律、行政法规规定应当告知的其他事项。

前款规定事项发生变更的，应当将变更部分告知个人。

法律、行政法规规定可以不向个人告知的，从其规定。

处理残疾人、老年人人脸信息的，还应当符合国家有关无障碍环境建设的规定。

第六条 基于个人同意处理人脸信息的，应当取得个人在充分知情的前提下自愿、明确作出的单独同意。法律、行政法规规定处理人脸信息应当取得个人书面同意的，从其规定。

基于个人同意处理人脸信息的，个人有权撤回同意，个人信息处理者应当提供便捷的撤回同意的方式。个人撤回同意，不影响撤回前基于个人同意已进行的个人信息处理活动的效力。

第七条 基于个人同意处理不满十四周岁未成年人人脸信息的，应当取得未成年人的父母或者其他监护人的同意。

个人信息处理者应用人脸识别技术处理不满十四周岁未成年人人脸信息的，应当在存储、使用、转移、披露等方面制定专门的处理规则，依法保护未成年人个人信息安全。

第八条 除法律、行政法规另有规定或者取得个人单独同意外，人脸信息应当存储于人脸识别设备内，不得通过互联网对外传输。

除法律、行政法规另有规定外，人脸信息的保存期限不得超过实现处理目的所必需的最短时间。

第九条 个人信息处理者应用人脸识别技术处理人脸信息，应当事前进行个人信息保护影响评估，并对处理情况进行记录。个人信息保护影响评估主要包括下列内容：

（一）人脸信息的处理目的、处理方式是否合法、正当、必要；

（二）对个人权益带来的影响，以及降低不利影响的措施是否有效；

（三）发生人脸信息泄露、篡改、丢失、毁损或者被非法获取、出售、使用的风险以及可能造成的危害；

（四）所采取的保护措施是否合法、有效并与风险程度相适应。

个人信息保护影响评估报告和处理情况记录应当至少保存 3 年。处理人脸信息的目的、方式发生变化，或者发生重大安全事件的，应当重新进行个人信息保护影响评估。

第十条 实现相同目的或者达到同等业务要求，存在其他非人脸识别技术方式的，不得将人脸识别技术作为唯一验证方式。个人不同意通过人脸信息进行身份验证的，应当提供其他合理、便捷的方式。

国家对应用人脸识别技术验证个人身份另有规定的，从其规定。

第十一条 应用人脸识别技术验证个人身份、辨识特定个人的，鼓励优先使用国家人口基础信息库、国家网络身份认证公共服务等渠道实施，减少人脸信息收集、存储，保护人脸信息安全。

第十二条　任何组织和个人不得以办理业务、提升服务质量等为由,误导、欺诈、胁迫个人接受人脸识别技术验证个人身份。

第十三条　在公共场所安装人脸识别设备,应当为维护公共安全所必需,依法合理确定人脸信息采集区域,并设置显著提示标识。

任何组织和个人不得在宾馆客房、公共浴室、公共更衣室、公共卫生间等公共场所中的私密空间内部安装人脸识别设备。

第十四条　人脸识别技术应用系统应当采取数据加密、安全审计、访问控制、授权管理、入侵检测和防御等措施保护人脸信息安全。涉及网络安全等级保护、关键信息基础设施的,应当按照国家有关规定履行网络安全等级保护、关键信息基础设施保护义务。

第十五条　个人信息处理者应当在应用人脸识别技术处理的人脸信息存储数量达到10万人之日起30个工作日内向所在地省级以上网信部门履行备案

手续。申请备案应当提交下列材料：

（一）个人信息处理者的基本情况；

（二）人脸信息处理目的和处理方式；

（三）人脸信息存储数量和安全保护措施；

（四）人脸信息的处理规则和操作规程；

（五）个人信息保护影响评估报告。

备案信息发生实质性变更的，应当在变更之日起 30 个工作日内办理备案变更手续。终止应用人脸识别技术的，应当在终止之日起 30 个工作日内办理注销备案手续，并依法处理人脸信息。

第十六条 网信部门会同公安机关和其他履行个人信息保护职责的部门，建立健全信息共享和通报工作机制，协同开展相关工作。

网信部门、公安机关和其他履行个人信息保护职责的部门依法对应用人脸识别技术处理个人信息活动实施监督检查，个人信息处理者应当依法予以配合。

第十七条 任何组织、个人有权对违法应用人脸识别技术处理人脸信息的活动向履行个人信息保护职责的部门进行投诉、举报。收到投诉、举报的部门应当依法及时处理,并将处理结果告知投诉人、举报人。

第十八条 违反本办法规定的,依照有关法律、行政法规的规定处理;构成犯罪的,依法追究刑事责任。

第十九条 本办法下列术语的含义:

(一)个人信息处理者,是指在个人信息处理活动中自主决定处理目的、处理方式的组织、个人。

(二)人脸信息,是指以电子或者其他方式记录的与已识别或者可识别的自然人有关的面部特征生物识别信息,不包括匿名化处理后的信息。

(三)人脸识别技术,是指以人脸信息作为识别个体身份的个体生物特征识别技术。

(四)人脸识别设备,是指应用人脸识别技术识别个体身份的终端设备。

(五)验证个人身份,是指通过收集获得的人脸信息与信息系统存储的特定人脸信息进行"一对一"比对，确认和核对两者是否为同一人。

（六）辨识特定个人，是指通过收集获得的人脸信息与信息系统存储的特定范围内人脸信息进行"一对多"比对，发现和识别具有特定身份的个人。

第二十条 本办法自 2025 年 6 月 1 日起施行。

最高人民法院关于审理使用人脸识别技术处理个人信息相关民事案件适用法律若干问题的规定

（2021年6月8日最高人民法院审判委员会第1841次会议通过　2021年7月27日最高人民法院公告公布　自2021年8月1日起施行　法释〔2021〕15号）

为正确审理使用人脸识别技术处理个人信息相关民事案件，保护当事人合法权益，促进数字经济健康发展，根据《中华人民共和国民法典》《中华人民共和国网络安全法》《中华人民共和国消费者权益保护法》《中华人民共和国电子商务法》《中华人民共和国民事诉讼法》等法律的规定，结合审判实践，制定本规定。

第一条 因信息处理者违反法律、行政法规的规定或者双方的约定使用人脸识别技术处理人脸信息、处理基于人脸识别技术生成的人脸信息所引起的民事案件，适用本规定。

人脸信息的处理包括人脸信息的收集、存储、使用、加工、传输、提供、公开等。

本规定所称人脸信息属于民法典第一千零三十四条规定的"生物识别信息"。

第二条 信息处理者处理人脸信息有下列情形之一的，人民法院应当认定属于侵害自然人人格权益的行为：

（一）在宾馆、商场、银行、车站、机场、体育场馆、娱乐场所等经营场所、公共场所违反法律、行政法规的规定使用人脸识别技术进行人脸验证、辨识或者分析；

（二）未公开处理人脸信息的规则或者未明示处理的目的、方式、范围；

（三）基于个人同意处理人脸信息的，未征得自然人或者其监护人的单独同意，或者未按照法律、行政法规的规定征得自然人或者其监护人的书面同意；

（四）违反信息处理者明示或者双方约定的处理人脸信息的目的、方式、范围等；

（五）未采取应有的技术措施或者其他必要措施确保其收集、存储的人脸信息安全，致使人脸信息泄露、篡改、丢失；

（六）违反法律、行政法规的规定或者双方的约定，向他人提供人脸信息；

（七）违背公序良俗处理人脸信息；

（八）违反合法、正当、必要原则处理人脸信息的其他情形。

第三条 人民法院认定信息处理者承担侵害自然人人格权益的民事责任，应当适用民法典第九百九十八条的规定，并结合案件具体情况综合考量受害人是否为未成年人、告知同意情况以及信息处理的必要程度等因素。

第四条 有下列情形之一，信息处理者以已征得自然人或者其监护人同意为由抗辩的，人民法院不予支持：

（一）信息处理者要求自然人同意处理其人脸信息才提供产品或者服务的，但是处理人脸信息属于提供产品或者服务所必需的除外；

（二）信息处理者以与其他授权捆绑等方式要求自然人同意处理其人脸信息的；

（三）强迫或者变相强迫自然人同意处理其人脸信息的其他情形。

第五条 有下列情形之一，信息处理者主张其不承担民事责任的，人民法院依法予以支持：

（一）为应对突发公共卫生事件，或者紧急情况下为保护自然人的生命健康和财产安全所必需而处理人脸信息的；

（二）为维护公共安全，依据国家有关规定在公共场所使用人脸识别技术的；

（三）为公共利益实施新闻报道、舆论监督等行为在合理的范围内处理人脸信息的；

（四）在自然人或者其监护人同意的范围内合理处理人脸信息的；

（五）符合法律、行政法规规定的其他情形。

第六条 当事人请求信息处理者承担民事责任的，人民法院应当依据民事诉讼法第六十四条及《最高人民法院关于适用〈中华人民共和国民事诉讼法〉的解释》第九十条、第九十一条，《最高人民法院关于民事诉讼证据的若干规定》的相关规定确定双方当事人的举证责任。

信息处理者主张其行为符合民法典第一千零三十五条第一款规定情形的，应当就此所依据的事实承担举证责任。

信息处理者主张其不承担民事责任的，应当就其行为符合本规定第五条规定的情形承担举证责任。

第七条 多个信息处理者处理人脸信息侵害自然人人格权益，该自然人主张多个信息处理者按照过错程度和造成损害结果的大小承担侵权责任的，人民法院依法予以支持；符合民法典第一千一百六十八条、第一千一百六十九条第一款、第一千一百七十条、第一千一百七十一条等规定的相应情形，该自然人主张多个信息处理者承担连带责任的，人民法院依法予以支持。

信息处理者利用网络服务处理人脸信息侵害自然人人格权益的，适用民法典第一千一百九十五条、第一千一百九十六条、第一千一百九十七条等规定。

第八条 信息处理者处理人脸信息侵害自然人人格权益造成财产损失，该自然人依据民法典第一千一百八十二条主张财产损害赔偿的，人民法院依法予以支持。

自然人为制止侵权行为所支付的合理开支，可以认定为民法典第一千一百八十二条规定的财产损失。合理开支包括该自然人或者委托代理人对侵权行为进行调查、取证的合理费用。人民法院根据当事人的请求和具体案情，可以将合理的律师费用计算在赔偿范围内。

第九条 自然人有证据证明信息处理者使用人脸识别技术正在实施或者即将实施侵害其隐私权或者其他人格权益的行为，不及时制止将使其合法权益受到难以弥补的损害，向人民法院申请采取责令信息处理者停止有关行为的措施的，人民法院可以根据案件具体情况依法作出人格权侵害禁令。

第十条 物业服务企业或者其他建筑物管理人以人脸识别作为业主或者物业使用人出入物业服务区域的唯一验证方式，不同意的业主或者物业使用人请求其提供其他合理验证方式的，人民法院依法予以支持。

物业服务企业或者其他建筑物管理人存在本规定第二条规定的情形，当事人请求物业服务企业或者其他建筑物管理人承担侵权责任的，人民法院依法予以支持。

第十一条 信息处理者采用格式条款与自然人订立合同，要求自然人授予其无期限限制、不可撤销、可任意转授权等处理人脸信息的权利，该自然人依据民法典第四百九十七条请求确认格式条款无效的，人民法院依法予以支持。

第十二条　信息处理者违反约定处理自然人的人脸信息，该自然人请求其承担违约责任的，人民法院依法予以支持。该自然人请求信息处理者承担违约责任时，请求删除人脸信息的，人民法院依法予以支持；信息处理者以双方未对人脸信息的删除作出约定为由抗辩的，人民法院不予支持。

第十三条　基于同一信息处理者处理人脸信息侵害自然人人格权益发生的纠纷，多个受害人分别向同一人民法院起诉的，经当事人同意，人民法院可以合并审理。

第十四条　信息处理者处理人脸信息的行为符合民事诉讼法第五十五条、消费者权益保护法第四十七条或者其他法律关于民事公益诉讼的相关规定，法律规定的机关和有关组织提起民事公益诉讼的，人民法院应予受理。

第十五条 自然人死亡后，信息处理者违反法律、行政法规的规定或者双方的约定处理人脸信息，死者的近亲属依据民法典第九百九十四条请求信息处理者承担民事责任的，适用本规定。

第十六条 本规定自 2021 年 8 月 1 日起施行。

信息处理者使用人脸识别技术处理人脸信息、处理基于人脸识别技术生成的人脸信息的行为发生在本规定施行前的，不适用本规定。

附录

中华人民共和国民法典（节录）

（2020年5月28日第十三届全国人民代表大会第三次会议通过　2020年5月28日中华人民共和国主席令第45号公布　自2021年1月1日起施行）

……

第四百九十七条　有下列情形之一的，该格式条款无效：

（一）具有本法第一编第六章第三节和本法第五百零六条规定的无效情形；

（二）提供格式条款一方不合理地免除或者减轻其责任、加重对方责任、限制对方主要权利；

（三）提供格式条款一方排除对方主要权利。

……

第九百九十四条　死者的姓名、肖像、名誉、荣誉、隐私、遗体等受到侵害的，其配偶、子女、父母有权依法请求行为人承担民事责任；死者没有配偶、子女且父母已经死亡的，其他近亲属有权依法请求行为人承担民事责任。

……

第九百九十八条 认定行为人承担侵害除生命权、身体权和健康权外的人格权的民事责任，应当考虑行为人和受害人的职业、影响范围、过错程度，以及行为的目的、方式、后果等因素。

……

第一千零三十二条 自然人享有隐私权。任何组织或者个人不得以刺探、侵扰、泄露、公开等方式侵害他人的隐私权。

隐私是自然人的私人生活安宁和不愿为他人知晓的私密空间、私密活动、私密信息。

第一千零三十三条 除法律另有规定或者权利人明确同意外，任何组织或者个人不得实施下列行为：

（一）以电话、短信、即时通讯工具、电子邮件、传单等方式侵扰他人的私人生活安宁；

（二）进入、拍摄、窥视他人的住宅、宾馆房间等私密空间；

（三）拍摄、窥视、窃听、公开他人的私密活动；

（四）拍摄、窥视他人身体的私密部位；

（五）处理他人的私密信息；

（六）以其他方式侵害他人的隐私权。

第一千零三十四条 自然人的个人信息受法律保护。

个人信息是以电子或者其他方式记录的能够单独或者与其他信息结合识别特定自然人的各种信息，包括自然人的姓名、出生日期、身份证件号码、生物识别信息、住址、电话号码、电子邮箱、健康信息、行踪信息等。

个人信息中的私密信息，适用有关隐私权的规定；没有规定的，适用有关个人信息保护的规定。

第一千零三十五条 处理个人信息的，应当遵循合法、正当、必要原则，不得过度处理，并符合下列条件：

（一）征得该自然人或者其监护人同意，但是法律、行政法规另有规定的除外；

（二）公开处理信息的规则；

（三）明示处理信息的目的、方式和范围；

（四）不违反法律、行政法规的规定和双方的约定。

个人信息的处理包括个人信息的收集、存储、使用、加工、传输、提供、公开等。

第一千零三十六条 处理个人信息，有下列情形之一的，行为人不承担民事责任：

（一）在该自然人或者其监护人同意的范围内合理实施的行为；

（二）合理处理该自然人自行公开的或者其他已经

合法公开的信息，但是该自然人明确拒绝或者处理该信息侵害其重大利益的除外；

（三）为维护公共利益或者该自然人合法权益，合理实施的其他行为。

第一千零三十七条 自然人可以依法向信息处理者查阅或者复制其个人信息；发现信息有错误的，有权提出异议并请求及时采取更正等必要措施。

自然人发现信息处理者违反法律、行政法规的规定或者双方的约定处理其个人信息的，有权请求信息处理者及时删除。

第一千零三十八条 信息处理者不得泄露或者篡改其收集、存储的个人信息；未经自然人同意，不得向他人非法提供其个人信息，但是经过加工无法识别特定个人且不能复原的除外。

信息处理者应当采取技术措施和其他必要措施，确保其收集、存储的个人信息安全，防止信息泄露、篡改、丢失；发生或者可能发生个人信息泄露、篡改、丢失的，应当及时采取补救措施，按照规定告知自然人并向有关主管部门报告。

第一千零三十九条 国家机关、承担行政职能的法定机构及其工作人员对于履行职责过程中知悉的自然人的隐私和个人信息，应当予以保密，不得泄露或者向他人非法提供。

……

第一千一百六十八条 二人以上共同实施侵权行为，造成他人损害的，应当承担连带责任。

第一千一百六十九条 教唆、帮助他人实施侵权行为的，应当与行为人承担连带责任。

教唆、帮助无民事行为能力人、限制民事行为能力人实施侵权行为的，应当承担侵权责任；该无民事行为能力人、限制民事行为能力人的监护人未尽到监护职责的，应当承担相应的责任。

第一千一百七十条 二人以上实施危及他人人身、财产安全的行为，其中一人或者数人的行为造成他人损害，能够确定具体侵权人的，由侵权人承担责任；不能确定具体侵权人的，行为人承担连带责任。

第一千一百七十一条 二人以上分别实施侵权行为造成同一损害，每个人的侵权行为都足以造成全部损害的，行为人承担连带责任。

……

第一千一百八十二条 侵害他人人身权益造成财产损失的，按照被侵权人因此受到的损失或者侵权人因此获得的利益赔偿；被侵权人因此受到的损失以及侵权人因此获得的利益难以确定，被侵权人和侵权人就赔偿数额协商不一致，向人民法院提起诉讼的，由人民法院根据实际情况确定赔偿数额。

……

第一千一百九十五条 网络用户利用网络服务实施侵权行为的，权利人有权通知网络服务提供者采取删除、屏蔽、断开链接等必要措施。通知应当包括构成侵权的初步证据及权利人的真实身份信息。

网络服务提供者接到通知后，应当及时将该通知转送相关网络用户，并根据构成侵权的初步证据和服务类型采取必要措施；未及时采取必要措施的，对损害的扩大部分与该网络用户承担连带责任。

权利人因错误通知造成网络用户或者网络服务提供者损害的，应当承担侵权责任。法律另有规定的，依照其规定。

第一千一百九十六条 网络用户接到转送的通知后，可以向网络服务提供者提交不存在侵权行为的声明。声明应当包括不存在侵权行为的初步证据及网络用户的真实身份信息。

网络服务提供者接到声明后，应当将该声明转送发出通知的权利人，并告知其可以向有关部门投诉或者向人民法院提起诉讼。网络服务提供者在转送声明到达权利人后的合理期限内，未收到权利人已经投诉或者提起诉讼通知的，应当及时终止所采取的措施。

第一千一百九十七条 网络服务提供者知道或者应当知道网络用户利用其网络服务侵害他人民事权益，未采取必要措施的，与该网络用户承担连带责任。

……

中华人民共和国
个人信息保护法（节录）

（2021年8月20日第十三届全国人民代表大会常务委员会第三十次会议通过 2021年8月20日中华人民共和国主席令第91号公布 自2021年11月1日起施行）

……

第四条 个人信息是以电子或者其他方式记录的与已识别或者可识别的自然人有关的各种信息，不包括匿名化处理后的信息。

个人信息的处理包括个人信息的收集、存储、使用、加工、传输、提供、公开、删除等。

第五条 处理个人信息应当遵循合法、正当、必要和诚信原则，不得通过误导、欺诈、胁迫等方式处理个人信息。

第六条 处理个人信息应当具有明确、合理的目的，并应当与处理目的直接相关，采取对个人权益影响最小的方式。

收集个人信息，应当限于实现处理目的的最小范围，不得过度收集个人信息。

……

第十条 任何组织、个人不得非法收集、使用、加工、传输他人个人信息，不得非法买卖、提供或者公开他人个人信息；不得从事危害国家安全、公共利益的个人信息处理活动。

……

第二十六条 在公共场所安装图像采集、个人身份识别设备，应当为维护公共安全所必需，遵守国家有关规定，并设置显著的提示标识。所收集的个人图像、身份识别信息只能用于维护公共安全的目的，不得用于其他目的；取得个人单独同意的除外。

……

第二十八条 敏感个人信息是一旦泄露或者非法使用，容易导致自然人的人格尊严受到侵害或者人身、财产安全受到危害的个人信息，包括生物识别、宗教信仰、特定身份、医疗健康、金融账户、行踪轨迹等信息，以及不满十四周岁未成年人的个人信息。

只有在具有特定的目的和充分的必要性，并采取严格保护措施的情形下，个人信息处理者方可处理敏感个人信息。

......

第六十二条 国家网信部门统筹协调有关部门依据本法推进下列个人信息保护工作：

（一）制定个人信息保护具体规则、标准；

（二）针对小型个人信息处理者、处理敏感个人信息以及人脸识别、人工智能等新技术、新应用，制定专门的个人信息保护规则、标准；

（三）支持研究开发和推广应用安全、方便的电子身份认证技术，推进网络身份认证公共服务建设；

（四）推进个人信息保护社会化服务体系建设，支持有关机构开展个人信息保护评估、认证服务；

（五）完善个人信息保护投诉、举报工作机制。

......

ISBN 978-7-5216-5417-2

定 价: 6.00元